EL CAPM

Las claves del modelo de valoración
de activos financieros

Por Ariane de Saeger
En colaboración con Isabelle Van Steenkiste
Traducido por Marina Martín Serra

Economía y empresa   en50MINUTOS.es

LAS CLAVES PARA EL ÉXITO

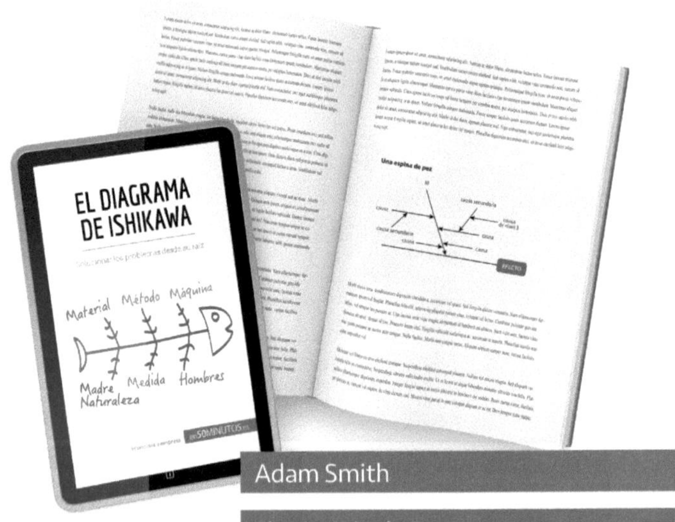

EL MODELO DE VALORACIÓN DE ACTIVOS FINANCIEROS

- **¿Denominaciones?** CAPM (del inglés *Capital Asset Pricing Model*) o Modelo de valoración de activos financieros
- **¿Utilidad?** El CAPM es un método matemático que permite estimar la rentabilidad de cualquier activo financiero. La previsión del rendimiento se calcula en base al riesgo que comporta el activo.
- **¿Por qué es eficaz?** El CAPM es uno de los métodos de valoración del riesgo de los activos financieros más populares. Sin embargo, algunos economistas critican su eficacia, como Richard Roll (economista estadounidense, nacido en 1939).
- **¿Palabras clave?**
  - Activo financiero: un activo es un título o un contrato que ofrece la posibilidad a quien lo posee de obtener una ganancia como contrapartida de que asuma un cierto riesgo. Por ejemplo: compro una acción, es decir, un activo financiero, esperando que eventualmente su valor aumente y que pueda revenderlo para sacar provecho. Pero cuidado, porque si el valor de la acción disminuye, me enfrento a una pérdida respecto a mi compra.
  - Bolsa (en el sentido económico y financiero): institución pública o privada que permite realizar intercambios de activos y transacciones sobre valores (como las acciones). En otros términos, es un mercado de financiación y de inversión en el que el precio se fija en función de la oferta y la demanda.

- ◦ <u>Mercado de capitales</u>: lugar de encuentro entre la oferta y la demanda para los capitales. La oferta corresponde al ahorro (el excedente de capitales disponibles) que está a disposición de los que quieren pedir préstamos. Los que quieren pedir préstamos representan la demanda (la necesidad de financiación). El equilibrio en este mercado es de vital importancia.
- ◦ <u>Cartera</u>: conjunto de valores (en especial las acciones y las obligaciones) que posee una persona, una empresa, un banco, etc.
- ◦ <u>Rendimiento</u>: rentabilidad de una suma invertida. Si invierto mi dinero a una tasa de interés del 7% y un amigo invierte la misma suma a una tasa del 4%, puedo decir que mi rentabilidad del capital invertido es mayor que la suya.
- ◦ <u>Tipo de interés</u>: el tipo de interés representa el coste del dinero. Así pues, me permite calcular los costes que puede ocasionar un préstamo o una inversión. El tipo de interés se puede definir también como la remuneración obtenida en caso de inversión.

En los años cincuenta, los mercados financieros se perfeccionan y se convierten en el intermediario ideal para equilibrar las capacidades y las necesidades de financiación de los diferentes agentes económicos: tienen la misión de asegurar la financiación de la economía mediante distintos medios (ahorro, compra de títulos, de activos, etc.). Aquí entran en consideración dos variables vinculadas estrechamente en el momento de la inversión de un activo financiero: el rendimiento y el riesgo.

Para comprender mejor estas dos variantes, varios economistas realizaron estudios:

- Frank Knight (economista estadounidense, 1885-1972) define las nociones de «incertidumbre» y de «riesgo» en 1921;
- Harry Markowitz (economista estadounidense, nacido en 1927) anuncia el inicio de la teoría moderna de la diversificación en 1950, llamada desde 1952 la teoría moderna del portafolio. Esta teoría propone una reflexión financiera sobre el uso de la diversificación para optimizar su cartera. Se trata de la versión más cercana al CAPM actual;
- finalmente, en los años sesenta y a principios de los setenta, los economistas estadounidenses William Sharpe (nacido en 1934), John Lintner (1916-1983) y Fischer Black (1938-1995), así como el noruego Jan Mossin (1936-1987) profundizan en los modelos financieros heredados, dando origen al CAPM.

DEFINICIÓN DEL MODELO

El CAPM se utiliza tanto en los mercados financieros como para resolver problemas financieros de las empresas. El modelo de cálculo se basa en la medida del riesgo sistemático, de la rentabilidad esperada y del tipo de interés. En otros términos, el CAPM permite estimar el rendimiento de un activo en relación con su riesgo.

TEORÍA Y PRESENTACIÓN DEL CONCEPTO

Este apartado ofrece información sobre el modelo de valoración de activos financieros desde un punto de vista teórico para poder comprender con exactitud todas las sutilidades del CAPM.

CONTEXTO

Este modelo se desarrolló en un momento en el que el conjunto de los mercados financieros se perfeccionaban y se uniformizaban. Nació de la voluntad de conocer con más precisión los riesgos de una inversión financiera.

La aportación de Markowitz

El CAPM extiende la teoría moderna del portafolio de Markowitz, tanto en sus hipótesis como en sus conclusiones. El economista insiste efectivamente en el interés que una diversificación de la cartera aporta a un inversor que desea obtener la mejor relación rentabilidad-riesgos.

Markowitz plantea cinco hipótesis dentro de su modelo:

1. los mercados financieros son eficientes. Esto significa que los precios y el rendimiento de los activos financieros aportan con total fidelidad toda la información disponible sobre estos activos;
2. los inversores son reacios al riesgo y, por consiguiente, no toman riesgos adicionales sin garantías de un rendi-

miento adicional;

3. los mercados están equilibrados;
4. no hay oportunidad de arbitraje en los mercados equilibrados, ya que la oferta de activos encontraría exactamente la demanda para estos activos y el precio estaría entonces naturalmente equilibrado;
5. y finalmente, el inversor toma decisiones de manera racional.

DEFINICIONES

- Oportunidad de arbitraje: posibilidad para un inversor de modificar su cartera de activos en función de sus anticipaciones. De forma más concreta, se trata de una operación (compra o venta) en sentido inverso en dos mercados diferentes, dos productos o dos vencimientos. La oportunidad consiste en aprovecharse de las anomalías en la cotización.
- Correlación de activos: relación existente entre dos activos financieros que van en el mismo sentido (correlación positiva) o en sentido contrario (correlación negativa).

La aportación de Markowitz es doble. Por un lado, destaca que el interés de la diversificación de una cartera de activos no se basa en la ausencia de correlación entre las rentabilidades, sino sobre todo en su correlación imperfecta o parcial. Demuestra, por otro lado, que la reducción de riesgos vinculada a la diversificación se encuentra limitada por el grado de correlación entre los activos. Por consiguiente, Markowitz demuestra que la diversificación disminuye el riesgo sin que ello afecte a la rentabilidad.

El CAPM, por su parte, amplía el ámbito de actuación, ya que considera el conjunto de los agentes económicos.

OBJETIVO PRINCIPAL DEL CAPM

Como hemos anunciado más arriba, el objetivo del CAPM es informar al máximo al inversor sobre el riesgo y la rentabilidad potencial del activo financiero en el que quiere invertir. El inversor sensato opta o por una cartera arriesgada eficiente, o por un reparto entre activos de riesgo y libres de riesgo. El CAPM propone una determinación del precio de equilibrio de los activos.

HIPÓTESIS DEL MODELO

DEFINICIONES

- <u>Desviación estándar</u>: la medida de dispersión más utilizada para dibujar una tendencia central. Mide la variabilidad en relación con la media.
- <u>Esperanza</u>: figuración de la ganancia media o de la pérdida media que una persona es susceptible de tener en el marco de un experimento aleatorio.

- Todos los inversores se consideran «inversores» en el sentido de Markowitz: consideran cada activo únicamente bajo su aspecto riesgo/rentabilidad. El mercado no tiene «fricciones», es decir, que no hay costes de transacción, comisiones, etc.

- Las plusvalías y los dividendos no están gravados.
- El mercado está equilibrado, un inversor puede comprar o vender en descubierto cualquier acción sin que esto incida en su precio; la información es transparente.
- A los investigadores no les gusta el riesgo gratuito. Por eso, eligen un nivel más o menos elevado según la remuneración que podrían sacar de él (prima de riesgo).
- Los inversores tienen el mismo horizonte temporal, lo que permite una cierta estandarización de los análisis.
- Los inversores anticipan del mismo modo los rendimientos futuros de los títulos.
- Las inversiones son divisibles infinitamente: se puede comprar o vender una fracción de acción o de cartera.
- Los inversores controlan el riesgo por diversificación.
- Los inversores pueden prestar o pedir prestada toda suma de dinero a un tipo de interés sin riesgo (*Risk-Free Rate*).
- La rentabilidad de un título se estima con la esperanza de ganancia en un horizonte dado, y su riesgo se estima gracias a la desviación estándar de sus variaciones pasadas. Por ejemplo, una acción relativamente arriesgada muestra un precio fluctuante y, por consiguiente, una desviación estándar calculada elevada.

Supongamos una homogeneidad de las esperanzas, de las desviaciones estándar y de las variantes así como en las correlaciones que existen entre los distintos activos financieros.

Además, cada cartera está formada por el mismo tipo de activos. Únicamente difiere la proporción —porcentaje de riesgo (débil o elevado)— entre los activos de riesgo y libres de riesgo.

COMPONENTES DEL MODELO

El CAPM se basa en el hecho de que los diferentes activos y carteras de activos se analizan bajo la perspectiva riesgo-rentabilidad, y los inversores tienen el reto de buscar la cartera con una utilidad máxima. Existen tres componentes esenciales para constituir una cartera eficiente:

- la CML, que detecta las diferentes combinaciones riesgo-rentabilidad;
- la prima de mercado que define el coste del riesgo;
- el coeficiente beta que mide el riesgo de un activo en relación con el riesgo del mercado.

La línea del mercado de capitales o CML (*Capital Market Line*)

La línea del mercado de capitales o CML

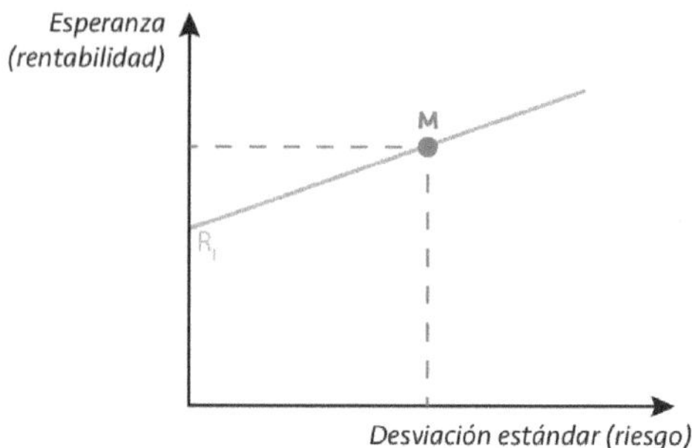

La línea del mercado de capitales expone las combinaciones rentabilidad-riesgo de activos financieros. Con Rf, nivel de rentabilidad para un activo libre de riesgo (bonos del Estado por ejemplo) y M, combinación globalmente observada en el mercado, llamada también cartera del mercado. La elección de la combinación va a depender del perfil del inversor y de su aversión al riesgo.

Fórmula de la CML

$$E(R_i) = R_f + \left(\frac{E(R_M) - R_f}{\sigma_M} \right) \sigma$$

i : activo

M : mercado

σ : riesgo

$(E(R_M) - R_f)$: prima de riesgo

$E(R_i)$: rentabilidad esperada de mi activo

R_f : rentabilidad de mi activo o tipo de interés libre de riesgo

La prima de mercado y el CAPM

El inversor exige del mercado una prima que cubra el riesgo que tome. Cuanto más alto sea el riesgo, más elevadas serán la prima y la pendiente de la CML.

El indicador de riesgo beta

El CAPM no mide un nivel de riesgo, sino un riesgo relativo de un título o de una cartera en relación con el mercado, llamado ß (beta). Dicho de otra forma, la beta es la relación entre las variaciones de los precios de un activo financiero (a lo que llamamos «volatilidad») sobre las variaciones de los precios del mercado en general. Así pues, se trata de la sensibilidad o de la elasticidad de los valores en relación con el índice bursátil que representa el mercado. Cuanto más se acerca al 1, menos volátil se considera.

Desde ese momento, la prima de riesgo para un activo financiero es igual a su coeficiente beta multiplicado por el riesgo global del mercado.

El CAPM corresponde a la igualdad entre la prima de riesgo de un activo *i* o de una cartera y la del mercado multiplicada por la beta del activo estudiado.

Fórmula del CAPM

$$E(R_i) = R_f + \beta_i\,[\,E(R_M) - R_f\,]$$

i : activo

$E(R_i)$: rentabilidad esperada de mi activo

R_f : rentabilidad de mi activo o tipo de interés libre de riesgo

β_i : medida del riesgo sistemático del activo
(riesgo de la no diversificación del activo)

$E(R_M)$: rentabilidad esperada en el mercado

Entonces, se puede calcular la rentabilidad esperada para este activo i (*E(R$_i$)*) aunque se desconozca el tipo sin riesgos, la beta del activo y la prima del mercado. Y a la inversa, si se conoce la rentabilidad, el riesgo también se puede calcular.

VENTAJAS

¿SABÍAS QUE...?

La tasa de actualización es la tasa que permite transformar un valor futuro en un valor actual teniendo en cuenta el hecho de que cuanto más larga es la duración que separa el futuro del presente, más se reduce el valor actual.

Fórmula de la tasa de actualización

$$VAN = F_0 + \frac{F_1}{(1 + t_\%)} + \frac{F_2}{(1 + t_\%)^2} + \frac{F_3}{(1 + t_\%)^3} + \ldots + \frac{F_n}{(1 + t_\%)^n}$$

VAN : valor actual neto

F : flujos futuros

t : tipo de actualización

El CAPM ofrece numerosas ventajas:

- permite calcular las diferentes rentabilidades para los activos en cuestión;
- facilita la toma de decisiones económicas y financieras gracias al cálculo del riesgo;
- es un modelo más simple de utilizar que el <u>modelo de valoración por arbitraje</u>, aunque menos preciso desde un punto de vista econométrico;
- propone dos aplicaciones útiles:
  - medir el rendimiento de los gestores de fondos;
  - calcular la tasa de actualización adecuada para evaluar los futuros ingresos de una empresa.

CONCLUSIÓN

Así pues, entendemos que, en general, un inversor racional va a optar principalmente por una cartera compuesta por activos financieros diversificados (activos de riesgo y libres de riesgo) para optar a una eficiencia máxima y a un riesgo limitado.

Aunque resulte difícil evaluar su eficacia, el CAPM es una herramienta para medir el rendimiento que permite comparar el trabajo del gestor y las realidades del mercado, indicando la tasa de actualización adecuada para calcular los futuros ingresos de una empresa.

LÍMITES DEL MODELO Y EXTENSIONES

LÍMITES Y CRÍTICAS DEL MODELO

Los límites del CAPM son numerosos y las críticas se dirigen mayoritariamente a las hipótesis establecidas.

- **La inestabilidad de la beta.** A modo de recordatorio, la beta es el riesgo relativo de un activo o de una cartera en relación con el resto del mercado. Esta inestabilidad viene del hecho de que el riesgo de un título es variable y, por consiguiente, susceptible de ser modificado en todo momento. Por ejemplo, compro un activo financiero en el momento m y calculo el riesgo x al que me expongo con esta inversión. En esta fase, no hay nada que me asegure que en el momento $m + 1$ el riesgo x de este mismo activo no se habrá modificado a causa de factores externos (por ejemplo, una situación de crisis). Para paliar este defecto, el gestor tiene en cuenta normalmente el conjunto de las betas para reducir en parte el riesgo individual.
- **El límite de la diversificación de la cartera.** Es imposible diversificar totalmente su cartera: habría que comprar muchos activos financieros diversificados antes de aspirar a una correlación parcial (en el caso en el que la diversificación reduzca el riesgo). Además, una cartera con una correlación reducida puede acabar correlacionándose a causa de la evolución del contexto económico, social y político.
- **La dificultad de la aplicación práctica** en un contexto previsto.
- **El irrealismo de las hipótesis**. Es casi imposible tener

una idea precisa de los tipos sin riesgo en los que hay que invertir; no existe una fiscalidad homogénea entre los activos financieros, mientras que los costes de transacción son bien reales, etc.
- **La dependencia de los estudios del CAPM a la elección de la cartera de mercado**. Esta dependencia la desarrolló el economista Richard Roll.

DEBILIDAD Y CRÍTICA

Más ampliamente, los detractores del CAPM cuestionan su eficiencia relativa.

Así, Richard Roll cuestiona la posibilidad de probar la eficacia del modelo: según él, para comprobarla, se tendría que poder medir la eficiencia de la cartera del mercado, algo que considera imposible. En su opinión, puesto que la cartera no solamente incluye todas las acciones, sino también los bonos, las inversiones inmobiliarias y los metales preciosos, entre otros, no se puede medir precisamente e integrar de forma eficaz en el CAPM.

EXTENSIONES Y MODELOS CONEXOS

Mientras que el CAPM se basa solamente en la evaluación de la beta, herramienta para medir el riesgo variable, existen otros modelos que proponen métodos alternativos que igualmente permiten determinar el riesgo financiero.

Modelo de valoración por arbitraje o *Arbitrage Pricing Theory* (APT)

Frente a la inestabilidad de las betas observada en el CAPM, Stephen Alan Ross (economista estadounidense, nacido en 1944) presenta en 1976 un modelo alternativo basado en la teoría del arbitraje.

Según él, existen varios factores económicos que influyen en las rentabilidades:

- por un lado, factores generales que influyen simultáneamente en varias rentabilidades;
- y, por otro, factores propios de un activo que solamente influyen en la rentabilidad de éste.

Asimismo, la teoría del arbitraje avanza que los factores específicos para los diferentes títulos son independientes de los factores generales y que también son independientes los unos de los otros.

El principio de arbitraje se observa cuando dos valores que tienen las mismas sensibilidades frente a los diferentes factores no tienen la misma esperanza de rendimiento. Si no hay oportunidad de arbitraje, es decir, si tienen la misma esperanza de rendimiento, el riesgo del mercado del activo se tiene que calcular mediante las betas relativas a los factores del mercado no específicos que afectan a todas las inversiones.

El APT se aplica de manera más general que el CAPM. No obstante, su principal debilidad reside en el origen y la elección de los factores que influyen a los activos.

Modelo multifactorial

El modelo multifactorial intenta aportar lo que no tiene el APT: la identificación de factores económicos específicos capaces de influenciar en el riesgo. Puesto que el riesgo de mercado afecta a la mayoría de las inversiones (o incluso a todas), proviene de los factores macroeconómicos. Así, el modelo define el riesgo de mercado como el riesgo de exposición de todo activo a los factores macroeconómicos. Para este modelo, la base de cálculo del riesgo es la beta de activo relativo a los factores macroeconómicos.

Modelo de tres factores de Fama y French

DEFINICIONES

- Capitalización bursátil (CB): ratio de evaluación que permite medir el tamaño de una empresa, del mismo modo que otros criterios como el número de empleados o el volumen de negocios. Hay que diferenciar a las grandes CB —que representan varios miles de millones de euros— de las pequeñas.
- Ratio valor contable/valor de mercado (VC/VM): herramienta que permite determinar si el activo está infravalorado o sobrevalorado. Si la ratio es superior a 1, el activo está infravalorado; si, por el contrario, es inferior a 1, está sobrevalorado. Los economistas estadounidenses Eugene Francis Fama (nacido en 1939 y premio Nobel de economía en 2013) y Kenneth Ronald French (nacido en 1954)

Este modelo lo desarrollan a principios de los años noventa los economistas estadounidenses Eugene Francis Fama y Kenneth Ronald French y se inspira en el modelo multifactorial según el que el rendimiento se ve influenciado por más de un factor. El modelo Fama-French supone la existencia de dos factores que influyen en el rendimiento:

- **El tamaño de la empresa.** Fama y French miden el tamaño de una empresa mediante la capitalización bursátil (CB). Se percatan, en especial, de que los valores de pequeñas CB, considerados más arriesgados y con un coste de capital más elevado, tienen una rentabilidad media elevada en relación con las grandes CB. Como consecuencia de esto, los valores de pequeñas CB tienen un rendimiento excedentario en relación con el del activo libre de riesgo que es mayor que el estimado por el CAPM.
- Como para la CB, **los valores con una ratio valor contable/valor de mercado elevado,** relativamente infravalorados por el mercado, son más arriesgados y tienen un coste de capital más importante. Sin embargo, normalmente son estos valores los que tienen un rendimiento más elevado.

Si comparamos la CB y la ratio VC/VM, Fama y French constatan que la ratio VC/VM es estadísticamente más pertinente que la CB y que es un factor determinante que ejerce una fuerte influencia en los valores. Además, a largo plazo, señalan que la relación entre la ratio VC/VM y el rendimiento es mucho más fuerte y estable que la relación que existe entre la CB y el rendimiento.

En conclusión, las inversiones rentables se realizan en empresas con una baja capitalización bursátil y que tienen un valor contable elevado, lo que no se podría contemplar en el modelo CAPM.

APLICACIÓN DEL CONCEPTO

Este apartado trata de las etapas que hay que seguir y las preguntas que hay que plantearse durante la aplicación del CAPM. Igualmente, presenta consejos útiles para evitar equivocarse.

CONSEJOS Y BUENAS PRÁCTICAS

Definir el riesgo de una inversión

La primera etapa consiste en definir el riesgo de una inversión. Este riesgo se puede medir gracias a la variación de la rentabilidad real en relación con el ingreso anticipado. Entonces observamos el nivel de riesgo del activo: libre de riesgo, de bajo riesgo o de alto riesgo.

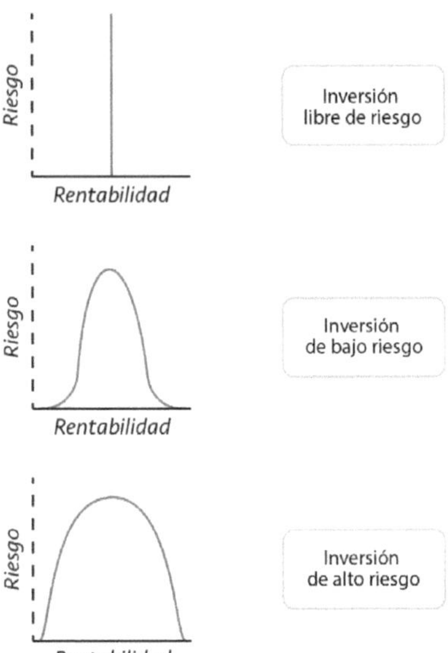

Diferenciar el riesgo remunerado y no remunerado

Una vez se ha determinado el nivel de riesgo, hay que diferenciar el riesgo remunerado del riesgo no remunerado. Cada activo comporta dos tipos de riesgos: el riesgo específico para una inversión, llamado «riesgo empresarial» o «riesgo intrínseco», y un riesgo general para todas las inversiones, llamado «riesgo de mercado».

- **El riesgo específico** se puede controlar en una cartera diversificada si la inversión específica arriesgada solamente representa una pequeña parte de la cartera y, por ejemplo, se puede compensar con otro activo específico menos arriesgado. Entonces hablaremos de «riesgo medio» que exponen las diferentes inversiones con riesgo específico de una misma cartera.

- **El riesgo de mercado** que afecta a todas las inversiones no puede ser controlado, ya que en general abarca la globalidad de los activos financieros presentes en el mercado. Se pueden distinguir dos factores en el origen de este riesgo: la evolución general del mundo económico —de la fiscalidad a la política de precios— y la sensación de los inversores respecto a sus potenciales evoluciones.

El inversor sensato, que normalmente se ha asegurado de tener una cartera diversificada, solamente recibirá una remuneración para los riesgos vinculados a las evoluciones del mercado.

Medir el riesgo vinculado al mercado

Para calcular este riesgo, el inversor podrá utilizar métodos diferentes, entre los que se encuentran el CAPM, el <u>APT</u>, el <u>modelo multifactorial</u> y el <u>modelo de tres factores de Fama y French</u>, que hemos desarrollado más arriba. En función de las hipótesis planteadas, el riesgo de mercado se percibe y se calcula de forma distinta.

El CAPM se basa en el hecho de que los diferentes activos y carteras se detectan por la pareja riesgo-rentabilidad y de que el objetivo de cada inversor es buscar la cartera más eficiente. Este objetivo se puede lograr en tres etapas.

1. El inversor tiene que determinar la «frontera de las car-

teras eficientes», es decir, el conjunto de las carteras que minimiza el riesgo para un rendimiento medio determinado. El conjunto de estas carteras se llama el conjunto eficiente; lo representa la superficie delimitada en forma de paraguas. A continuación, observamos que el punto *x* no es racional, ya que para un mismo nivel de riesgo, existe una combinación de más alto rendimiento *e*.

Frontera de las carteras eficientes

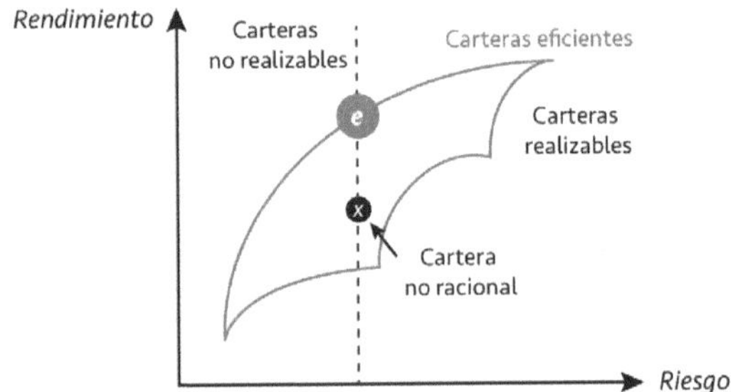

2. La suma de las proporciones invertidas tiene que ser igual a 1. Cuanto más bajo es el coeficiente de correlación, más se reduce el riesgo: la curva de indiferencia se desplaza entonces hacia la izquierda.

Curvas de indiferencia

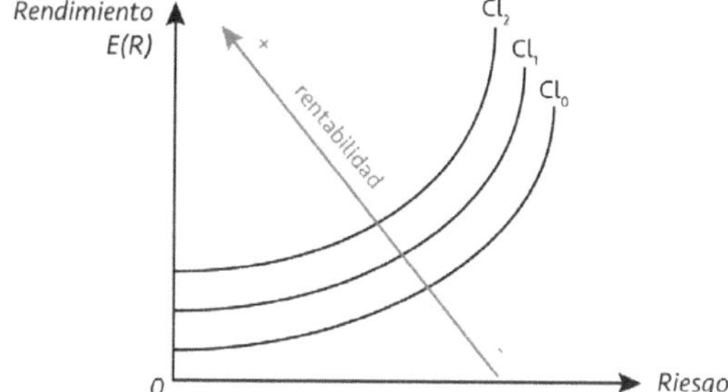

3. La curva de indiferencia es el conjunto de combinaciones de los dos bienes o de los dos factores que procuran al consumidor o inversor un nivel de satisfacción idéntica. El eje Y, $E(R)$, corresponde a la rentabilidad esperada, mientras que el eje X corresponde al nivel de riesgo. Cada curva da al inversor la misma satisfacción, por una combinación riesgo-rentabilidad diferente y sea cual sea su curva de indiferencia específica, elegirá la cartera con el rendimiento más elevado para un riesgo determinado.

4. En función de su actitud frente al riesgo (curva de indiferencia), el inversor se dirige a elegir «su» cartera óptima. Esta corresponde al punto de tangencia entre su curva de indiferencia y la frontera eficiente. Si considera un activo libre de riesgo, el inversor tendrá la posibilidad de colocar una parte de sus posesiones en una de las carteras arriesgadas situadas en la frontera eficiente de los activos de riesgo, y otra parte en un activo libre de riesgo.

5. Para medir este riesgo de forma matemática, el inversor

tiene que usar la fórmula expuesta en la definición teórica del concepto:

Fórmula del CAPM

$$E(R_i) = R_f + ß_i\,[\,E(R_M) - R_f\,]$$

i : activo

$E(R_i)$: rentabilidad esperada de mi activo

R_f : rentabilidad de mi activo o tipo de interés libre de riesgo

$ß_i$: medida del riesgo sistemático del activo
(riesgo de la no diversificación del activo)

$E(R_M)$: rentabilidad esperada en el mercado

6. Además, es bien sabido que, actualmente, las valoraciones de los activos financieros están informatizadas.

CONSEJOS

Hipótesis y variantes del modelo necesarias

Con la aplicación del CAPM, hay que ser consciente de que el modelo no siempre es realista: con la situación actual, las hipótesis formuladas por el modelo se aplican raramente. El cálculo de la ratio riesgo-rentabilidad tiene que extenderse a hipótesis y variantes más amplias. A continuación, presentamos ejemplos de contradicciones observadas:

- el modelo solamente considera los valores emitidos en bolsa en su cartera de mercado. Sin embargo, una cartera de mercado se tiene que definir con el conjunto de oportunidades de inversión existentes en la economía, y es por consiguiente mucho más amplia;

* el CAPM plantea hipótesis difícilmente aplicables al contexto actual. Entonces, hay que extender el modelo teórico a la realidad de nuestro entorno, lo que a menudo lo vuelve menos pertinente y más complejo;
* la beta nula o la ausencia de riesgo. Generalmente resulta imposible pedir préstamos con un tipo de interés sin riesgo. No podemos suponer realmente que exista un activo sin riesgo. El CAPM se tiene que adaptar entonces en este sentido.
* El CAPM supone igualmente que no existen impuestos, ni costes de transacción, etc. Esta hipótesis se tiene que volver a considerar, puesto que los inversores están efectivamente sometidos a impuestos (en especial sobre los dividendos y plusvalías en la venta) y a costes de transacción. Si toma en consideración todos estos costes adicionales, tendrá tendencia a limitar el tamaño de su cartera comprando menos acciones.

Las extensiones de las hipótesis y variantes del modelo son numerosas. Podemos citar a Keith Cuthberson que, en el capítulo 3 de su obra *Économie financière quantitative: actions, obligations et taux de change*, presenta y desarrolla las sutilidades del CAPM y sus aplicaciones matemáticas.

Finalmente, recomendamos al inversor o a la empresa que invierte que consideren el factor «diversificación», un parámetro esencial para medir el riesgo, para disminuirlo. Además, se necesita prudencia ya que no hay rendimiento sin riesgo. En general, la diversificación de la cartera es una de las mejores formas para protegerse y limitar el riesgo.

Al nivel de las acciones

El aumento del número de valores en la cartera viene acompañado por una disminución del riesgo, incluso si no evoluciona de manera linear. Aunque los efectos de la diversificación se hacen notar en un principio, a partir de un cierto nivel se reducen mientras que los costes relacionados con el número de valores (transacciones, costes fijos, etc.) aumentan. Además, la diversificación máxima permite reducir la variabilidad de los rendimientos de una acción belga media del 70% por ejemplo, mientras que el 30% restante constituye el riesgo «sistemático», porque es imposible de eliminar mediante la diversificación (ver <u>riesgo del mercado</u>).

LA GESTIÓN ACTIVA Y LA GESTIÓN PASIVA

- La gestión activa presenta generalmente un riesgo superior al del mercado por un rendimiento esperado superior.
- La gestión pasiva garantiza un riesgo equivalente al del mercado por un rendimiento ligeramente inferior.

La diversificación se puede hacer a niveles distintos:

- en zonas diferentes (Europa, EUA, Japón, países emergentes, etc.);
- a nivel de los sectores de actividad;
- en función del tamaño de la empresa;
- en el estilo de gestión (activa, pasiva, etc.).

Además de las acciones, hay que tomar otros ejemplos como los bonos, el efectivo y el oro, sin contar que existen otros activos como los fondos de inversión, las obras de arte, etc.

- **Los bonos** ofrecen en general un rendimiento inferior al de las acciones, pero su riesgo es limitado.
- **El efectivo o el ahorro** ofrecen normalmente un rendimiento inferior a las acciones —salvo excepciones como las acciones Fortis, que en 2008 perdieron alrededor del 95% de su valor—, pero del mismo orden de magnitud que los bonos.
- **El oro** se caracteriza por tener un riesgo elevado a un rendimiento medio que es inferior a los otros haberes.

ESTUDIO DE CASO

Contexto

En un contexto de gestión de patrimonio, un gestor define el objetivo que busca el cliente, para poder responder lo mejor posible. El experto analiza la situación completa del inversor —familiar, profesional, fiscal y patrimonial. Un análisis de este tipo le permite precisar necesidades todavía más concretas.

LA GESTIÓN DE PATRIMONIO, ¿POR QUÉ?

La gestión de patrimonio es un proceso por el que los bienes privados (bienes muebles, inmuebles, efectivo, etc.) se evalúan con el objetivo de optimizar su uso. Si una persona tiene numerosos bienes, estará sometida a impuestos relativamente elevados. La gestión de patrimonio tiende a minimizar los costes con la optimización del uso de estos bienes.

¿Cuál es la cartera más eficiente para este cliente-inversor, según el modelo CAPM?

El problema reside en la evaluación y la determinación de una cartera eficiente en función del tipo de inversor que tenga delante el gestor de patrimonio.

Los tipos de inversor

Los bancos y las instituciones financieras distinguen en general cuatro tipos de perfiles de inversores:

- el inversor arriesgado, que confía en el futuro y busca rendimiento;
- el inversor previsor, que a la vez confía en el futuro y es reacio al riesgo;
- el derrochador, consumidor;
- el inversor pesimista en relación con el futuro y reticente al riesgo.

En primer lugar, el gestor tiene que determinar varios parámetros del mercado:

- **la elección de la cartera de mercado de referencia**. Existen numerosos índices bursátiles que agrupan un conjunto representativo de los activos presentes en los mercados. Por ejemplo, CAC 40 (índice bursátil que retoma las 40 mayores capitalizaciones bursátiles en Francia) o S&P 500 (índice bursátil en América).

- **la elección del activo sin riesgo**. Podemos considerar que los bonos del Estado o los productos de seguro de vida son activos con un riesgo limitado. Aunque el riesgo sea limitado —y nunca cero—, el rendimiento es incierto y volátil.
- **la elección de la cartera de clientes**. El CAPM considera que todos los activos financieros presentes en el mercado se valoran correctamente: cada uno comporta un riesgo y una rentabilidad esperada particular. El gestor elige con el inversor, que es consciente de la inevitable relación entre el rendimiento de los activos y los riesgos, la cartera que se corresponde más con las expectativas del inversor. En este momento, la elección del contenido de la cartera del cliente va a estar directamente relacionada con su exposición a la cartera de mercado. Este coeficiente de exposición (beta) puede obtenerse fácilmente gracias a las informaciones financieras que transmite el índice bursátil. Una vez se ha determinado la beta, hay que establecer la estrategia que satisfaga las exigencias del inversor.
- **las variantes del modelo; la beta, la volatilidad y el rendimiento de cartera.** Se pueden calcular estos parámetros del CAPM de distintas formas:
  - mediante datos históricos anteriores en función de los efectos episódicos. Pero, cuidado: la evolución de los datos históricos normalmente están vinculados a periodos específicos (periodo de crisis, etc.), por lo que no permiten una objetividad total;
  - mediante datos financieros ya explotados y disponi-

bles en plataformas. Otra vez, hay que ser prudentes frente a la subjetividad y las posturas de algunos análisis;
  ◦ finalmente, mediante informes de empresa y previsiones relativas a la coyuntura.

De forma general, el gestor busca la información más completa —y, así, más fiable— para no añadir riesgos adicionales a la cartera del inversor. Cuando las variantes del modelo se han precisado, el CAPM determina la mejor distribución posible de los recursos financieros del inversor, respetando los intereses de este último a nivel del rendimiento, de los riesgos y de los tipos de activos.

Simulación de cartera

Supongamos, así, que tenemos una cartera relativamente diversificada con activos de sectores diferentes, emitidos por empresas con una importancia variable y que invierten en mercados geográficos distintos.

Esta cartera está formada por 15 bonos del Estado alemanes, 20 acciones emitidas por Belfius, 8 acciones emitidas por una cooperativa agrícola camboyana y 10 acciones inmobiliarias estadounidenses.

Es importante conocer el nivel de correlación, ya que esto permite ver si la cartera es muy arriesgada (coeficiente cercano a 1; correlación positiva) o no (coeficiente cercano a 0; correlación negativa). Además, el coeficiente de rendimiento da información sobre el nivel de control del riesgo y, así, sobre la seguridad relativa de los activos. Este rendimiento se calcula gracias a la ratio del economista William Sharpe para que todo resultado negativo se elimine de la cartera.

Ratio de Sharpe

$$\text{Ratio de Sharpe} = \frac{\text{beneficio} - \text{tipo de interés sin riesgo}}{\text{volatilidad}}$$

El análisis del rendimiento puede comportar dos dimensiones:

- una dimensión gráfica;
- una dimensión matemática expresada en valor de cartera y en valor de los activos que componen esta cartera.

En el caso de nuestra cartera, observamos que la diversificación adoptada es buena, pero puede mejorarse, en especial eligiendo activos menos correlacionados.

Conclusión

El CAPM permite un análisis simple de los movimientos de los mercados y de la exposición al riesgo de los activos en cuestión. Sin embargo, sin las extensiones del modelo, este último resulta poco —o incluso nada— útil o eficaz. La ratio de William Sharpe, por ejemplo, es una herramienta que hay que tener en cuenta y que permite medir el rendimiento de los activos en un ambiente complejo como el de hoy.

EN RESUMEN

- El CAPM es un método matemático que permite calcular la rentabilidad esperada de cualquier activo financiero.
- El modelo aparece en los años cincuenta, periodo en el que los mercados financieros se perfeccionan y se uniformizan, puesto que los inversores desean obtener más información y garantías para asegurar la rentabilidad de sus activos financieros.
- Los teóricos:
    - en 1921, Frank Knight define las nociones de incertidumbre y de riesgo;
    - en 1950, Harry Markowitz anuncia el principio de la teoría moderna de la diversificación y de la cartera;
    - finalmente, a partir del 1964, economistas como William Sharpe, John Lintner, Jan Mossin y Fischer Black desarrollan los modelos financieros creados precedentemente y dan origen al CAPM.
- Cuando se aplica el modelo, hay que:
    - determinar la frontera de las carteras eficientes;
    - determinar su cartera óptima, diversificando la cartera de activos para minimizar el riesgo sistemático guardando un cierto nivel de rentabilidad;
    - medir el riesgo y la rentabilidad de su cartera.
- El modelo solamente es útil si no existen informaciones privadas ni costes de transacción. La cartera diversificada óptima es entonces la misma para todos los inversores.
- Los principales límites del modelo son la inaplicabilidad de las hipótesis enunciadas y la inestabilidad del coeficiente beta.

- Hay tres modelos que amplían al CAPM: el modelo de valoración por arbitraje o APT, el modelo multifactorial y el modelo de tres factores de Fama y French.

PARA IR MÁS ALLÁ

FUENTES BIBLIOGRÁFICAS

- Baudot, Jean Yves. "Droite de marché, prime de risque et relation du MÉDAF". *Concepts et techniques (organisationnelles, descriptives, prédictives et prévisionnelles). Entreprise, finance et économie.* Consultado el 26 de junio de 2014. http://www.jybaudot.fr/Bourse/medaf.html
- Broquet, Claude, Robert Cobbaut, Roland Gillet y André Van den Berg. 2004. *Gestion de portefeuille.* Bruselas: De Boeck.
- Damodaran, Aswath. 2006. *Finance d'entreprise. Théorie et pratique.* Bruselas: De Boeck.
- Desquilbet, Jean-Baptiste. *Le MÉDAF. Modèle d'évaluation des actifs financiers.* Arras: Universidad de Artois. Consultado el 26 de junio de 2014. http://jb.desquilbet. pagesperso-orange.fr/docs/A_M2thfi_2_MEDAF.pdf
- Gaga, Othman y Ahmed Tarib., *Le Modèle d'Équilibre des Actifs Financiers: Cas d'Itissalat Al-Maghrib.* Consultado el 26 de junio de 2014. http://fr.scribd.com/doc/24407264/ Modele-d-equilibre-des-actifs-financiers-MEDAF-CAPM
- Limaiem, Imen. 2009. *Les facteurs du modèle Fama et French: cas du marché des actions canadiennes.* Montreal: Universidad de Quebec. Consultado el 8 de julio de 2014. http://www.archipel.uqam.ca/2202/1/M10858.pdf
- Moisson, Jean-Christophe. *Méthodes et principes de gestion: portefeuille benchmarkée.* Consultado el 26 de junio de 2014. http://wolf699.free.fr/MonCV-moisson/ Gestion_de_portefeuille_bench.pdf

- Ngoma, Franck Fabrice. 2009. *Évaluation des actifs financiers par le MÉDAF. Validation empirique de la relation risque-rendement par les modèles économétriques.* Consultado el 26 de junio de 2014. http://www.memoireonline.com/07/10/3749/Evaluation-des-actifs-financiers-par-le-MEDAF-validation-empirique-de-la-relation-risque-rendement-.html
- Statistique Canada, "Variance et écart-type". 2013. Consultado el 26 de junio de 2014. http://www.statcan.gc.ca/edu/power-pouvoir/ch12/5214891-fra.htm

FUENTES COMPLEMENTARIAS

- Cuthbertson, Keith. 2000. *Économie financière quantitative. Actions, obligations et taux de change,* Bruselas: De Boeck.
- Jokung-Nguena, Octave. 2004. *Mathématiques et gestion financière. Applications avec exercices corrigés.* Bruselas: De Boeck, 2004.
- Pitoun, Benjamin, Yann Ribiere y Chloé Descombes. *Le MÉDAF. Application à la gestion de patrimoine.* Consultado el 26 de junio de 2014. http://longin.fr/Cours/Cours_Gestion_patrimoine/reserve/Seance_R/Documents/GP_2010_2011_Presentation_Allocation_Strategique.pdf
- Poncet, Patrice y Portait Roland. 2009. *La théorie moderne du portefeuille. Théorie et application,* Groupe Eyrolles. Consultado el 26 de junio de 2014. http://www.essec.edu/faculty/showDeclFileRes.do?declId=9129&key=Publication-Content

¡APRENDER NUNCA ANTES FUE TAN RÁPIDO!

www.en50minutos.es